JP Weber

Wo jeiht et he op die Bühn?

JP Weber

Wo jeiht et he op die Bühn?

Ein humorvoller Ratgeber zum Kölner Brauchtum

Bibliografische Information der Deutschen Nationalbibliothek
Die Deutsche Nationalbibliothek verzeichnet diese Publikation in der Deutschen Nationalbibliografie; detaillierte bibliografische Daten sind im Internet über http://dnb.ddb.de abrufbar.

Umschlaggestaltung: Stephan Förster, Bergisch Gladbach
Titelbild: Kay-Uwe Fischer / Titelgrafik und -illustration: Sven Löllgen
Illustration Stadtwappen: Natalie Sinzenich (S. 11, 19, 25, 33, 41, 49, 55, 61, 67, 77, 83, 93)
Fotoeinzelnachweise:
Thomas Ahrendt - Studio 157 Köln (S. 5, 10, 18, 32, 54, 82, 92) / Joachim Badura (S. 16/17, 24, 30/31, 40) / Eduard Bopp (S. 39, 60, 66, 74/75, 104/105) / Kay-Uwe Fischer (S. 48, 76) / Inge und Heinz Ganss (S. 106) / Dirk Loerper (S. 46/47) / Michael Ulbricht (S. 6, 8)
Bildchoreographie: Marzellen Verlag GmbH, Frank Tewes (S. 10, 18, 24, 32, 40, 48, 54, 76, 82, 92)

Satz/Layout: Redaktionsbüro Frank Tewes, Köln
Druck: Druckerei Florjancic, EU

Printed in EU.
ISBN 978-3-937795-84-3
www.marzellen-verlag.de

„Ein Humorist muss ein Tal
in seinen Inhalten entstehen lassen,
damit ein Berg sichtbar ist!“

JP Weber

Der Autor

Seit er im Jahr 2014 das „Loss mer singe“-Casting gewann, startet JP Weber als Solist durch. Nicht umsonst wird er von vielen nur „Die Flitsch“ genannt: Er ist ein Virtuose an der Mandoline. Der musikalische Büttenredner verbindet Sprache, Identität und Musik in seiner absolut kölschen Type.

Ein Solo-Auftritt von Jörg Paul Weber ist eine musikalische Zeitreise. Mit viel Humor bringt er seinem Publikum kölsches Liedgut nahe und spielt zudem seine eigenen aktuellen komponierten Songs – und jetzt ist er auch noch unter die Buchautoren gegangen. Dabei bleibt er seinen humoristischen Grundsätzen treu und schreibt „op Kölsch“ mit seiner typisch rheinischen „Schnüss“. Und zwar mit einem humorvollen Ratgeber zum Kölner Brauchtum mit Benimmregeln op Kölsch.

Wo bitte geht's zur Bühne ? ... Do lang!

Für Ludwig Sebus ...

Glaube – Liebe – Hoffnung!

Wat es drin?

Vürwoot

Dinsdaachsnommeddaachs op d'r A1 koot vür Kölle West om Wääch für noh Huhs ze fahre. Et Telefon jeiht. Em Display steiht „JP Weber". Dä eetste Jedanke es: „Och, wat hät hä, es doch eijentlich jar nit sing Zick för ahnzerofe?"

„Knipperath am Apparat" – „Weeeeeber"

Dat es unser Ritual, do weiß m'r tirek, wo m'r dran es.

„Knippi, m'r schrieve e Booch!"
„E watt????"
„E Booch! Also – jenau jenumme schrievs do dat... Ich schwaaden dat en, un do schrievs dat dann op Kölsch op. Krijje m'r dat hin?"

Jetz künnt dä eine oder och andere villeich meine, dä Weber hät se nit mieh all – joot, mänchesmol künnt m'r dat em eetste Momang denke – ävver die Johre, die m'r inzwesche esu eng zesamme-arbeide, han m'r jezeich, dat – ejal, met wat für ener Idee hä öm de Eck' kom – hä sich vürher vill Jedanke jemaat hät!

Un, un do muss m'r dann och ens ihrlich sin, se all han jeflupp – op die ein oder andere Aat. Met jeder Idee simmer e Stöck wigger jekumme, han uns un „dat Produk" JP Weber mieh jefunge.

Dann verklört hä mir, wat jenau hä vürhät – elf Kapiddele, dä Wääch op en Bühn, met all dä Fallstrecke un Erusforderunge, die et do esu jitt.

Un widder ens jeiht dat klei Männche em Hingerkopp ahn, dat meint: „Dä hät Rääch, dat klapp – weil jenau dat esu noch keiner jemaat hät!“

Joot, jetz sare se vielleich, et jitt doch Rotböcher, wie m'r singe Optredd, op Neudütsch „Performance“ verbessere kann – ävver dat Booch he, dat es anders – he jeiht et öm Alles – un dat joov et esu vun enem kölsche Künstler noch nit.

Dä! Wie „dä Schäff“, dä en dä janze Johre mieh zo enem Broder jewode es, jän säht.

Un jetz han se dat Dinge en d'r Hand. Vun dä janze Zweifel, däm Stress, dä Kabbeleie, bevür esu e Dinge eruskütt, wulle m'r jetz nit schwaade, dat wör Material för e neu Booch...

Dat he es de Essenz us däm, wat üvver zwanzich Johr jebruch hät, öm JP Weber ze weede. Siel un Liev vun einem, dä zwar nit en Kölle jeboore es, ävver kölscher jar nit mieh sin künnt! Ihrlicher un intimer kammer ihn nit metkrijje. Wammer verstonn well, wie et en enem Künstler ussüht un wat all esu passeet em Kopp, bevür und wammer op ener Bühn steiht, he künne se et lese un hüre.

Und dozo wünschen ich jetz...
...vill Spaß!

Michael Knipprath
Köln, im September 2022

Kapiddel 1

Dä! Jetz sitze m'r he! Wat m'r nit all deit un mäht, öm im Fasteleer sing Roll ze finge. M'r wächs op met däm Jedanke, dat dat die eijene Identität es. Ovwohl m'r als kleine Fetz vun fünnef oder sechs Johre bestemmp nit dorüvver nohdenk, dat et wäjen d'r Sufferei oder wäjen d'r Schöss es.

Vielleich spillt et en Roll, dat m'r als Cowboy un Indianer spille deit, met dä andere Puute, Hanake, Pänz – ävver eijentlich es schon do em Jrundjedanke dä Karneval.

Dobei spillt et kein Roll, ov do jetz medden us Kölle bes, us em Speckjöödel, us dä Naturvölker, oder söns woher.

Do bes, wat do bes – un dä Dom hält singe Schatte dodrüvver.

Natürlich kanns do sare, dat et Veedel immer et Veedel bliev, wo m'r herkütt. Ävver et definiert sich irjendwie noh Kruhne un Flamme – nohm Dom.

Wann ich als Panz noh Kölle jekumme ben, dann wor dat hillich. M'r hät sich jeföhlt, als wann m'r anjekumme wör.

In wie vill Leeder es dat nit schon komponeet woode, dat m'r anjekumme es, wann m'r die Strooße vun Kölle rüch.

Et es och esu!

Wammer ihrlich zo sich selvs es, dann es dat Heimat.

Irjendwann es et dann esu wigg. Do möchs en d'r Fasteleer. Jetz es natürlich die Froch, wohin en d'r Fasteleer?

Am attraktivste es – do soll m'r sich he nix vürmaache – de Bühn. Nit nur hinger d'r Britz, sondern och „op die Bühn" will mer jon. Dat es völlig normal. Ene Deil vun dem Janze ze sin.

Wie kummen ich he op die Bühn? Wann do Jlöck häs, un als kleine Fetz – ejal ov e Mädche oder ne Jung – dann häs do vun dinger Famillich jet metbekumme. Dinge Vatter oder ding Mutter sin em aktive Fasteleer ungerwähs, als Protagonist, als Künstler Komponist, als Tänzer, als Gardist en d'r Reih, als Tanzoffizier, als Marieche – dann häs do dä tirekte „Pack ahn" an däm Spill.

Wann do nit esu vill Jlöck häs, dann muss do dich eets eimol e bessje orientiere, un dat es jar nit esu leich.

Denn wat well m'r dann? Jetz beste talentiert em Danz, dann orientierste dich natürlich an esu enem Corps, an der Garde un jeihs dann zo enem Probeträning.

Als Redner jeihs do hin un liers de janze Schwaadereie uswendig, denn do häs jo Lieblinge us em Fasteleer. Dat sin die Athlete, die do esu jän häs, vun d'r Sproch, vun d'r Melodie her – ach, m'r lieb dat Janze.

Oder do bes Musiker un liers e Instrument un häs dat Jlöck, wann de schon klein bes oder nit esu alt bes, en d'r Schull e paar

Musiker ze finge, mit denne do Musik maache kanns. Un irjendwann spills do ene Klassiker – ov do dat wells oder nit...

Jot muss de sin! En däm, wat do kanns, denn die Bühn verlangk noh denne, die jet künne. Die jet metbrenge. Ejal ov em Danz, wo de fit sin muss, als ov Musiker, wo de jet jeliert häs, Sänger, Instrumentalist, Redner – do muss jet künne. Talent es, wann m'r sich för jet intresseet.

Ävver Talent allein, dat brengk d'r nix. Dä Fasteleer, dä Karneval, dä Fastelovend bruch Minsche, die jet künne. Wo do herküss, dat es däm Fasteleer ejal, de Hauptsach es, do wells dat, do wells e Deil vun däm Janze sin – un do kanns jet. Dat es wichtig – op lange Seech.

Kootfristig künnt m'r sare, dat einem dat hilf, wann m'r eine kennt, dä eine kennt, also „klüngele“ deit. Ävver janz ihrlich, dat weed esu schnell entlarv, su schnell kanns do nit „Alaaf“ sare.

Ich weiß, die Medien jaukele dir immer vür: „Ach, weiß do wat, do bes ene schöne Fiffi, jank op die Bühn, m'r weed sich schon irjendwie öm dich kümmere.“

Na, dä Fasteleer es do – Jott sei Dank – anders. Hä es, wie et Levve – do muss jet dun, do muss jet künne.

Ävver, jetz häs do jet jedon, do kanns jet, do wills do eren, en dä Fastelovend. Wat brengk dich do jetz eren?

Inhalte! Ejal met wat, Inhalte zälle. Do muss neujierig sin för dat, wat op d'r Strooß passeet, för dat, wat en d'r Politik es.

Dä Fasteleer – Karneval – es tatsächlich „das wahre Leben“. Et wohre Levve. Dat es Fasteleer.

Wie kütt m’r do jetz dran? Wie schaff m’r sich Inhalte? Janz ihrlich, die lijjen op d’r Strooß!

Ävver wann do kein Strooß kenns, do wo do herküss, un wells üvver die schwaade – wann do noch nit jejange bes durch kleine Jässjer, su dat jede Stein vun denne sich irjendwie en dingem Körper sich metbewäje deit, dann weed et schwer.

Inhalte – dat es et, wodrop et ankütt. Dä Lück op de Muul ze luure, wat se sare un wat se denke.

Dat Janze en Bildere ze schaffe.

Och bei enem Danz es dat esu. Och wann do en ener Jarde steihs op d’r Bühn, un bes am danze. Als Danzoffizier bes do quasi dat, wat et Levve op d’r Strooß es.

Öm et koot ze maache: Die Sproch es et Künne.

Ävver wann do nix ze sare häs, nötz Dir de beste Sproch nix.

HIER IM HAHNENHAUS
LOGIEREN TÜNNES
UND SCHÄL BEI
IHREM FREUND
JUPP ENGELS

Kapiddel 2

Wat för ne Typ well ich sin? Ejal jetz, ov als Tänzer, als für en Band, als für ene Solist oder Solistin, wä ben ich?

Wat es am Erfolgversprechendste? Wat deit et op d'r Bühn? Womet kritt m'r Erfolg, Applaus un och Nüssele?

Öm sing Roll ze finge, jidd et verschiedenste Müjelichkeite. Nur BITTE, denk do dran, bes ihrlich, esu ihrlich, wie et nur jeiht.

Et es wichtig – denn, em Nohhinein zo verklöre, wä do wirklich bes, es schwer, esu richtig schwer! Denn eines, dat es klor, wä Schauspeelerei un Lüje opräächerhalde well, muss e verdammp joot Jedächtnis han!

Ich han och drüvver nohjedach, wä mäht m'r noh, wä es dä Beste für dä Erfolg, wat mäht m'r für en Band. Ävver eijentlich es d'r Fasteleer de beste Müjelichkeit, sich selvs ze zeije, esu wie m'r es. Dann bes de am flexibelste.

Su, jitz meins do, do bes ene Typ, dä – sare m'r ens – ALLES sin kann. Do künns op d'r Bühn mieh dä sarkastische sin, dann beste mieh dä, dä nur Witze verzälle deit, oder do bes dä, dä e Leedche singk, oder – minge Jott – maach doch keine Ungerscheed.

Sei einfach, wat de bes. Im Endeffek es dä Wääch en d'r Saal erin, wann se dich anjesaat han, nohher, wann do et esu e bessje jeschaff häs, un se booche dich, ze entscheide, em He un Jetz, wat ben ich jlich? Dann jiddet nur ein Antwoot: Do selvs! Dat es – natürlich – dä schwierigste Wääch.

Sich selvs darzestelle, bedügg och, dat m'r Kante hät. Dat nit immer alles jraad läuf un dat nit immer alles ene rude Faddem hät, dä m'r verfolch.

Do muss einfach nur ihrlich sin. Dann kütt dä Erfolg, ov fröher oder och späder, janz automatisch.

Nur muss m'r wisse, wat Erfolg es.

Es Erfolg, dat m'r vill Medien hät? Fernsehe, Radio, mittlerweile Internet, off bei dä Lück esu bejehrt es, dat m'r dausend Selfies maache muss? Oder vielleicht Autojrammkaate noch un nöcher hingerlööss? Dat, wat de Verjangenheit einem jezeich hät, es, dat die Lück, die op d'r Bühn sich selvs darjestallt han, et bess klor kome.

En Roll ze finge, bedügg ävver nit, dat m'r dann nit joot es. Do kanns och en dinger Roll ihrlich sin. Denn die Roll es jo nur dä Transporter för ding Leedcher, för dinge Humor, för dinge Wetz, för dinge Danz un och för di Corps. Et es also jar nit schlemm, wann m'r en Roll hät, dat es för die Lück och mänchesmol leichder, denn se han en Schublad, en die se dich erenstecke künne.

„Ah, dat es dä met dä blaue Klamotte, met däm rude Schal, met dä Flöpp em Jeseesch." Dat es einfacher för die Lück.

Ävver wat es dann in zehn Johre? Denn, do läufs doch dann tatsächlich dä janze Daach domet eröm. Also, je bunter do anjetrocke bes, desto bunter läufs do och domet eröm. Dann stellt sich widder die Froch, wo sühs do dich en fuffzehn Johre op d'r Bühn, inhaltlich?

Klar, dat m'r jetz nit tirektemang sare, wo m'r en fuffzehn Johre steiht. Immerhin muss m'r sich jo immer widder neu erfinge en singer Roll, die m'r spillt – sujar, wann do dich selvs spille deis. Dobei es et völlig normal, dat m'r vielleich hück en Meinung hät, die m'r in zehn Johre nit mieh hät. Selvs en d'r Musik jiddet do keine Wääch.

Also jank jetz nit hin un denk Dir: „Ich nemmen mir jetz ens die oder die Stilistik!", domet dat am Anfang joot läuf... Spill dat, wat do bes un do och wells.

Versök nit en Verjangenheit op d'r Desch ze läje, indem dat do sähs: „Ich mache jetz en Musik wie fröher", nur weil do denks, do häts domet dann vill mieh Erfolg.

Nä, mach, wat do bes. Je natürlicher un ihrlicher do op en Bühn jeihs, selvs, wann do ene Witz verklörs, desto einfacher es et för die Zokunf.

För diejenije, die meine, et wör et schnelle Jeld do, also, dat m'r für Erfolg nit esu vill arbeide muss – dat es in Kölle su en Saach, denn die Kölsche – un domet meinen ich jetzt nit nur die, die he wunne, sondern vun üvverall, also die, die dat Hätz han, die erkenne dich.

Ov fröher oder ov späder, do kanns dich nit verstecke. Denn et es e Volksfess, e Fess för et Volk. Ävver wann do meins, do möhds dat maache, wat dich schnell zom Erfolg brengk, sprich, do mähs dich lächerlich, do läufs – wie ene Nackedei – üvver dä Aldermaat, weil die Lück dich dann ahnfeuere – jläuv mir, dat es nit dä richtije Wääch.

Op jede Fall nit för dä Karneval. Dä Karneval hät ene Anspruch.

Zickdem et dä Karneval jitt, wor die Red un et Leed, wor et Krätzje immer för en Ussaach joot. Et es dat, wat üvvrig bliev am Engk.

Un wann dat Engk es, weiß keiner. Ävver üvverlääch ens, wat üvvrigjeblivve es.

Die Emotione, die Ihrlichkeit, dat Kriesche un dat Laache, en einem Jeseesch.

Dofür steiht dä kölsche Fasteleer.

Kapiddel 3

Do bes träniert, do häs en Type erfunge, do bes Musiker oder en Band – un jetz steihs do do un kanns jet un wells dat och zeije.

Dä! Ävver wo stellt m'r sich dann jetz vür? Wo jeiht m'r hin, öm ze zeije, dat m'r bereit es für die Bühn?

Et eetste, wat m'r wesse muss, es, wat für Aarte hammer dann för Bühne en Kölle em Fasteleer?

Joah, do jeiht et vun ener Weetschaff bes üvver ne kleine Saal, bes hin zo enem jroße Saal, ener jroßen Bühn – alles. Et jitt esu vill Müjelichkeite, wo m'r sich vürstelle kann, oder för wat m'r sich vürstellt, dann weed dat schon e Problem weede.

E Problem jetz nit, ävver die Situation, die es halt situationsaffhängig. Zoeesch emol wööd ich in en Kaschämm jon. En Weetschaff, e Jlas-Bier-Jeschäff, wo sich Minsche treffe, die m'r vielleich interessant fingk, wo m'r sich vürstelle künnt opzetredde, do passen ich hin.

Do stellt m'r sich hin – stellt sich met singem Name vür, m'r säht, wä m'r es, wo m'r herkütt un wat m'r mööch. Schnell weed einem jesaat, ov dat pass, oder ov dat nit pass.

M'r konzentriere uns jetzt ens eets eimol op die Situation, dat do komplett neu bes em Fasteleer.

Do bes allein, Dänzer oder Musiker, un do spills in ener Band, die noch keiner kennt. Jo, dann jeiht m'r zo enem Weet un säht: „Hür ens, ich mööch bei dir ens Musik maache." För Spaß! Denn domet fängk et ahn.

Als Redner häs do och die selve Müjelichkeit. M'r jeiht hin un söök sich vielleich en Weetschaff, wo m'r sich vürstelle kann un säht: „Hür ens, do häs doch Samsdachs-Ovends he Lück setze. Ich mööch minge Verzäll he dorbeede – esu zwanzich Minutte."

Als Tänzerin, also Marieche oder Tanzoffizier oder für de Reih' in ener Jarde, es et et Einfachste ze luure, welche Weetschaff weed jenannt, wo sich de Lückcher treffe. Vun irjendeinem Corps, vun irjendeinem Danzclub, dat es dä einfachste Wääch.

Lier ding Minsche kenne. Schnell wees do merke, wo do jrad bes, wat för e Publikum do häs. Wä ding Kamerade sin, die do an d'r Thek ston.

Do weeds merke – oh, ich muss flexibel sin, ich muss dodrop enjon, wo ich jrad ben. Denn dat es d'r Punk: Flexibilität.

Do wees merke, dat, wann se sich vür e Publikum schmieße, 800 Mann – ne schöne Saal – et Leech jeiht ahn, un do weiß jar nit, wä do sitz, dat do kei Jespür dofür kriss, wat do jetz maache solls. Tirektemang an de Minsche ze sin, hät Vorteile, do kanns do liere.

De natürliche Dynamik, die do domet liers, vun klein ahn noh bovven ze kumme. Vun zwanzich Mann en ener Weetschaff bes aachhundert Mann en enem Saal bes zu zweidausend Mann en enem Saal bes zur Laachhall, wo veezehndausend Minsche sin – do muss et rüche künne wo do dich vürstells, un wie do dich vürstells. Denn eines kann ich dir sare – do muss dich flexibel halde. Wann do en d'r Saal erenjeihs oder en en Weetschaff, muss do rüche, dat kann ich he brenge und dat nit.

Un eines kann ich dir verspreche – do wees och op de Fress falle! Dat es völlig normal, dat nennt m'r liere.

Och ene joode Wääch es, wann m'r sich en Künstlervereinijunge triff. Dat sin Vereine, wo sich Künstler op enem Stammdesch ungerhalde, un die zom Deil och ene Vürstellovend, ne Nommedaach, oder ne Morje maache. Dat jitt et och – un zwar en jroß, en klein, oder vielleicht noch jrößer. Do es et ävver och wichtig, sich met dä Minsche, met dä Künstler ze ungerhalde. Natürlich hät jeder sing Meinung un natürlich weiß och jeder jet besser, ävver dorus muss m'r och liere. M'r muss wesse, wat m'r für sich do met erusnimmp. Et es natürlich praktisch – do häs dann eventuell tirektemang en Bühn, wo do dich vürstelle kanns. Do darfs ävver nit bös sin, wann se dich dann nit dofür ussööke. Wann se dann sare, do kanns he liere, do kanns jän kumme, ävver för die Bühn, do bruchs do noch e Jöhrche. Dat es och völlig normal.

Do häs keine tirekte Anspruch op en Bühn. Dat häs do nirjendwo. Selvs, wann do sähs, ich maachen dat he doch nit für Jeld, also für Nüssele, ich kumme för ömesüns – vör kostenlos. En Bühn mäht keine Ungerschied zwesche nem Profi, nem Halbprofi oder jar keinem Profi. En Bühn es en Bühn. Un nur et Beste darf un muss op die Bühn.

Dann muss m'r sich noch üvverläje, en welcher Sproch stellen ich mich vür? Natürlich es et von Vürdeil, wann do Kölsch schwaads, wann do en Kölle bes. Dat es die Sproch, en dä m'r he levv. Muss do ävver nit! Un wann do us de Naturvölker bes, wie ich immer esu löstich sare, oder do bes us ener andere Stadt, dann sprich die Sproch, die do sprichs. Bes authentisch. Sei, wie de bes. Dat es wichtig. De Lück wulle dich doch jähn han.

Wann do ävver versöks, einer ze imiteere, dann jeiht dat üvverall en de Butz, nit nur en Kölle. Ich jevven Dir dä Rot: Wann do dich irjendwo vürstells, hür dir die Sprooch an, wie die Junge un Mädcher spreche.

Ejal, wo do dich vürstells, jank janz natürlich an die Saach eran. Luur, wo de bes, erinnere dich, wat ich jesaat han, un luur op de Lautstärk, de Enerjie, bes flexibel. Do kanns nit met enem zwanzich Mann Orchester en ener Weetschaff vun zehn Mann spille. Ävver han Spaß – un Jeld darf nit die eetste Entscheidung sin.

Kapiddel 4

Wat ben ich wääd?

Die Froch es nit esu richtich jestellt. Do möhts dich eher frore, wat ben ICH mir wääd? Denn Jrundvörussetzunge müsse jestellt weede, wammer ene Optredd hät.

Als eetstes muss do notürlich wesse, wat ben ich jetz? Ben ich jetz Dänzer, Musiker, Redner? Kumm ich mit ener Band? Also muss dat verklöört weede.

Wie jroß es die Bühn? Bruchen ich Leech, bruchen ich Strom? Han ich en Anlaach? Bruchen ich üvverhaup en Anlaach? Kann ich – letztlich – rein akustisch spille, also janz ohne Mikrofon? Reich nur e Mikrofon? Muss e Instrument enjesteck weede? All dat sin Faktore. Et sin Faktore, die nit nur dä Pries usmaache, sondern och, wat ICH han well? Wat bruchen ich vür ene Optredd? Dat schönste Beld, wat ich mole, bruch ene Rahme. Ne Rahme, dä dat Beld ömkreise deit – en Bühn.

Jetz künns do natürlich sare, ich ben Redner, 20 Mann an ener Thek' – ich stellen mich dozo, dat ben ich m'r wääd. Dat es doch schön, dat es och nix Schlimmes.

Do künns ävver och sare, nä, ich bruch en Bühn, dressich, veezich Mann, do muss dann en Bühn stonn, ich well Leech han, ich bruch ene Mikrofonständer, ich bruch e Mikrofon. Weil ich met d'r Lautstärk, met d'r Dynamik arbeide mööch.

Wichtig dobei es jo och ze wisse, dat m'r de Lück nit anschreie mööch. Dynamik es wichtig, ävver fründlich dobei blieve, denn wann ich ze laut spreche, kütt dat do nit immer esu joot an. Wann do en Band bes, also Schlagzeug, Bass, Piano, Jitarr, Flitsch, Akkordeon – dann es dat met dä Thek, met zwanzich Persone nit immer ze bewerkstellije. Do muss do jet anderes han, do bruchs do Plaatz. Vielleich bruchs do dann kein Bühn, ävver do muss jo Plaatz han.

En ener Weetschaff ze spille mäht Spaß, ävver mit ener janze Band weed dat schnell zo enem Problemche. Esu es dä Anspruch, dä do an dich un an dat Publikum häs. Dat wat do mööchs, spillt en Roll, wat do dir wääd bes. Dobei jiddet kein Wertung, och wann et nur en Thek es. Wann do dir wääd bes, dat et en Thek sin soll, dann soll et dat sin. Wann do en Band bes un häs Optredde – un zwar nur dä eine an däm Ovend –, dann kammer dat jo och ech joot maache. Dann jeiht dat joot.

Do küss en Stund vürher do an, baus alles en Rauh op, zortiers dich, vielleich brengs do doch noch en kleine eijene Lichttechnik met, un dann mähs do dir dat schön.

Bei zwei Optredde weed dat schon en andere Situation. Do muss bedenke, dat do dann ja och bei dem Optredd, wann do dä fädich häs, flöck widder fott küss. Do muss also widder zom nächste Optredd. Häs do üvverhaup die Energie? Opbaue, spille, affbaue, verlade, zom nächste Optredd, opbaue, spille, affbaue, widder noh Huhs.

Ich fangen jetz övverhaup nit domet an, wat es, wann do drei oder mieh Optredde häs. Dann häs do richtig Stress. Un dat darf et d'r nit wääd sin. Op d'r Bühn muss do strohle. Do muss joot drop sin, do muss Luss han, dich wohl föhle. Un dann es et och immer noch en Froch, wat soll et Publikum sin, solle die dobei verzälle künne, wann do Musik mähs? Wann do verzälls un die sin am Verzälle, es dat nit esu joot. Es do Kraach en däm Saal? Wells do Kraach en däm Saal? Dat sin alles Faktore, die wichtig sin un wo do dich frore muss, es et m'r dat wääd?

Kumme m'r ävver jetz ens zo dä Nüssele: Anjebot un Nohfroch. Natürlich es et esu, wann en etablierte Band kütt oder ene etablierte Künstler, Protagonist oder Dänzer – do spillt en Jage nit unbedingk en Roll. Die Lück bezahle dat. Wann do ävver Ahnfänger bes, süht dat anders us.

Jetz hammer die Situation, dat do ene Optredd häs em Fasteleer, em Karneval. Do bes et eetste Mol jebuch em Jözenich. Vür dir es en Band. Die Band kennt jeder em kölsche Fasteleer, jetz kumme die ahnjefahre. Un do jläuvs et nit, wat do loss es!

Fünnef Musiker – för nur als zom Beispill, zwei Busse. Wie zwei Busse? Wieso dat dann?

Jo, en däm eetste Bus es dä Fahrer un die fünnef Protagoniste. Vielleich noch einer, dä de Verträje metbrängk un dann met däm Veranstalter schwaad, während sich de Musiker op dä Optredd vürbereide.

Dann häs do ne zweite Bus. Do es de Technik dren. Wieso Technik? Die han doch Technik em Saal? Dat stemmp, ävver nur en Technik, domet m'r drusse jet hüren deit.

Do op d'r Bühn häs do noch kein Technik. Fünnef Musiker, dovun vier Mol Jesang, jeder hät e Instrument, dat muss affjenomme weede. Well meine, do es e Mischpult vun Dir, wat dann zor Aanlaach jeiht. Do jiss „en Summ" aff. „En Summ" affjewwe bedügg, dat m'r all dat schon fädich hät an Klang, wat m'r dann an die Anlaach affjitt, domet dä Saal d'r zohüre kann.

Dann bruchs do jo och noch Monitore. Monitore sin nit för ze luure, sondern för ze hüre, domet do dich selvs hüren deis, wann do op d´r Bühn steihs. Dat jeiht op zweierlei Wäje.

Dat eeschte, do häs Lautsprecher, nor för dich, die zo dir zeije op d'r Bühn, oder do häs „klei Minsche" em Uhr, die dir sare, wat do jrad sähs – also quasi Kopphürer. Dat alles muss jo jemisch weede – sprich, dä Klang muss mitenander verarbeid weede.

Jetz häs do die Situation, dat do opbaue muss. Vür dir steiht ävver schon en Band op d'r Bühn. Wann die dann fädich sin, han die – sare m'r ens – en Minutt öm affzebaue.

Dofür bruchs do Helfer. Will meine, do bruchs nit nur einer, dä mische deit, sondern och Bühnearbeider, denn die sin nit einfach esu do...

Also ich kann d'r ene Tipp jewwe, wann do fünnef Musiker häs met komplettem Rambazamba, dann bruchs do bei dä fünnef Musiker zemindesch drei, die helfe dun.

Jetz häs do doch vielleicht nüngzich Sekunde, domet ding Bühn steiht, also alles opjebaut es. Un dat es jetzt keine Wetz oder Verzäll, dat stemmp!

Wann do allein op d'r Bühn steihs als Redner, häs do doch tirektemang die Müjjelichkeit opzetredde. Övverhaup kei Problem.

Ävver selvs do – wann do noch e Instrument metbrängs, en Schrumm, en Quetsch oder en Flitsch, muss do eine han, dä d'r helfe deit.

All dat säht dann us, wat do wäät bes.

Ävver noch vill wichtijer, wat DO dir wäät bes!

Kapiddel 5

Dä!

Jetz häs do dinge Optredd, do bes en däm Saal – ävver noch nit op dä Bühn. Denn wat ich d'r jetz rode, es ene Tipp für di janz künstlerisch Levve: Do jeihs durch dä Saal!

Wat heiß dat? Do sitz hinger de Bühn un waads dodrop, dat do anjesaat wees. Dann jeihs do vun hinge durch die Reihe durch un mähs och he un do ens ene Stopp.

Luur dir die Lück ahn, luur denne en et Jeseesch.

Nit nur do muss di Publikum erkenne, och die müsse dich erkenne. Jeff inne kein Chance, dat se dich nit sin!

Un do – beluur se dir, die janze Athlete, die do setze.

Hinge die Lück, die miestens, also em beste Fall, bezahlt han, un je wigger do noh vürre küss, die, die de Kaate jeschenk bekumme han.

Denn dat es esu e Thema: Do luurs en Jeseeschter, die wöre am leevste janz woanders. Die kenne dich nit un denke sich: „Wä es dat, wat well dä, wann jeiht dä widder..."

Dat nennt m'r Minussituation. Dä Fasteleer hät dat. Wat bedügg dat? Janz einfach – do jeihs op esu en Bühn, un do is winnijer als nix – kein Opmerksamkeit, kein Erwaadungshaltung, kei: „Och, loss en ens kumme." Enä – die Lück han en Minussituation. Die luure dich ahn, künne met Dir nix anfange, un dämentsprechend han se och kein Loss op dich. Dann häs do vun zwanzich

Minutte unjefähr en Minut bes hin ze zwei Minutte, dat do dich intressant maache kanns. Un dä Rot, dä ich Dir jevve, durch dä Saal ze jon, rieß dich erus, un zwar esu richtig. De Lück luuren dich ahn un do de Lück. Un do merks, wann se dich fründlich anlächele, wann do se anlächels – Feedback – esu e schön kölsch Woot.

Interaktion fängk schon en däm Momang an.

Dann steihs do op d'r Bühn. Dinge Mikrofonständer es de natürliche Muur zwesche Dir un däm Publikum. Dat kanns do nutze. Do jeihs dovür, dohinger. En däm Momang, wo do dovür jeihs, luure die Lück „wat mäht hä dann jetz?“

Dat muss de usnötze. Und dann beobachteste, wie se reajiere. Dämentsprechend reajierst do. Sprich de Lück ahn. Vielleicht en de eetste Reihe ohne dat Mikrofon, denn ohne esu e Mikrofon, dat es persönlich. Dann fängks do ahn. Do jeihs janz höösch, janz langsam, do mähs ruhije Bewäjunge, jeihs hinger dat Mikrofon un sähs: „Tach zesamme!“ Un jenau dat T – dä haade Konsonant, deit dir helfe, domet kanns do se wachmaache un neugierig op dich un dat, wat kütt.

Ich kann dir jetz schon sare, do schaffs vielleicht e Drittel vun däm Saal. Zwei Drittel vun däm Saal luure dich vielleich ahn oder op dä Köbes, vun däm se jet ze drinke han wolle. Dat es ävver ejal, do steihs do! Do fängs ahn un erarbeids Dir peu à peu di Publikum, dä janze Saal. Ich weíß, dat klingk seltsam, ävver esu arbeid m'r op ener Bühn.

Un dann es et immens wichtig noh hinge ze luure. Do sitz dä Elferrot, oder an d'r Sigg et Prinzepaar oder et Dreijesteen. Adjudante, e paar Lück us em Corps, die muss do och noch üvverzeuje, denn wann die luure, als wenn de Bahn jrad vorbeijefahre wör, un die han die Fahrkaate jefresse, dann häs de ävver esu richtig Dress am Schoh. Denn dann luurt et Publikum en leere Jeseeschter. Die muss do üvverzeuje, denn die sin di Bühnebeld, wat levve deit.

Ich weiß, dat hürt sich alles noh sehr sehr vill ahn, ävver do muss d'r Zick looße, dat alles kenne ze liere. Tirektemang en jroße Bühn, dat jeiht nit joot. En Weetschaff es immer noch dä beste Anfang. Do häs verstoche Minsche hinger d'r Thek. Die muss do üvverzeuje, die han och kein Loss. Dat sin die, die immer hinge sitze. Dat hät domols schon en d'r Schull anjefange, die han och em Bus immer janz hinge jesesse, do erinners dich bestemmp.

Ävver dat packs do – met Rauh, met Verstand un met Bestand. Ejal ov Musik, Danz oder Schwaaderei, also en Red – do muss Timing liere.

Zeit!

Zick is et A un et O. Loss der Zick, lier di Publikum uswendich, en dä winnije Zick, die do häs. Noher fingks do dan ahn dat ze zorteere. Do fängks ahn, ze merke – he muss ich Zick spare, do muss ich langsamer sin, domet se et och merke. Lächle dinge Wetz ahn, dun ens en et Publikum lächele, wann do anfängks ze singe, de Lück wolle fründliche Jeseeschter sin. Wichtig es ävver, dat do och nit ze langsam bes – do wills se jo packe!

Ich für minge Deil han jeliert, immer wigger ze maache. Un wann die Lück dann sare „Driss", ich han nur e Drittel vun däm verstande, wat dä Weber jrad jesaat hät, dann weede se neujierig un hüre zo.

Do darfs ävver och nit ze flöck sin, süns verleere die Lück flöck de Loss för zozehühre.

Timing und Dynamik, dä Saal spillt dobei och en Roll, denn dat Publikum es beeinfluss vun däm Saal. Wie et Leech es, ov et drinke joot es, ov et Esse joot es, all dat spillt en Roll.

Stell Frore, wat do wisse muss, bevür do op en Bühn jeihs. Jank noh hinge en d'r Saal, nemm dä letzte Desch. Luur en d'r ahn, sprich dä Desch ahn, vör dingem Optredd. Dun se frore: „Wie jeiht et üch? Schmeck et?" Do wees do merke, wat loss es. Un met dä Jedanke, met däm janze Paket, jeihs do dann op en Bühn.

Do muss di Publikum lese, jenau esu, wie dat Publikum dich lese deit.

Un dann – han Spaß!

Kapiddel 6

Tja, et jiddere do e paar Müjelichkeite. Ävver eets emol muss m'r ungerscheide, wat för e Halde.

Et eetste Mol op d'r Bühn – ich ston op d'r Bühn un muss mi Publikum zwesche zwanzich Minutte un Kunzäätläng fasshalde. Wie jeiht dat?

Ja nu, wie ich jo evvens ald jesaat han, em vüherije Kapiddel, do muss Dynamik zeije met dingem Publikum. Do muss se fasshalde, indäm do schnell sprichs, wann et müjelich es, ävver och dann widder höösch, endäm do d'r Zick ließ.

Do muss et Publikum fordere, söns funktioneet dat nit. Dun se nit wie domm Minsche behandele, sondern behandele se respektvoll als Minsche, die dich ömjarne, die dich jän han, die dich jän han wolle.

Ävver jetz kütt et drop ahn, se langfristich ze halde. Dat jeiht nur met Kreativität. Un do küss op dä Punk, wo do Kreativität nit kaufe kanns. Natürlich kriss do schon ens e Leedche ahnjebodde, vun däm eine oder andere Komponis. Jo, die Komponiste weede bekannter, je bekannter do bes. Also kanns do dich freue: Je bekannter do wees, desto bekanntere un bessere Musiker, Produzente un Komponiste kumme op dich ahn, weil do dann für die intressant bes. Vun wäje, de Vervielfältijungsrechte un andere Faktore.

Ävver tatsächlich es die eijene Kreativität die wichtigste. Dobei es et dann ejal, ov do danze deis, ov do schwaads, oder ov do Musik mähs. Woröm es et jetz esu wichtig, dat die Inhalte vun dir sin, woröm es de eijene Kreativität esu wichtig?

Weil, ejal wat do als Protagonis op d'r Bühn mäs, dat bes jo do!

Un dat kammer nit nohmaache. Dat funktioneet nit. Do muss jo för ding Inhalte stonn. Dofür es et dann wichtig, dat die Inhalte och us dir eruskumme. Dobei es et dann völlig ejal, ov do meins, dat dat vill ze intelektuell es, oder ov et ze seich för di Publikum es, die Haupsaach es, do bes dat. Denn eines es klor, dat wat Erfolg hät, es Glaubwürdigkeit, un die kann langfristig sin.

Jetz sähs do mit Rääch, ävver woher zaubere, ich han dat noch nie jemaat. Ich han noch nie ene Danz jemaat oder en Schwaaderei oder Musik komponeet.

Et bes es tatsächlich, wann do et einfach mähs. Do küss durch dat „einfach maache" vöran, natürlich es dann, je mieh Erfolg do häs, och ding Komposition öm esu besser, oder dinge Schwaad oder dinge Danz. Do als Minsch deis jo domet waahse, met däm, wat do mähs.

Ding Inhalte waahse met dir. Dat nennt m'r Träning. Komponeere, Schwaaderei, Texte, Danzerei. Bei allem muss do ävver wisse, dat et jo tatsächlich ene Verzäll es. En Jescheech: Natürlich jiddet do Tricks, mit denne do Entertainment bedrieve kanns.

Do kanns janz einfach met Tricks die Lück an et klatsche brenge, em Rhythmus. Do kanns em Danz suggereere, sujesteev arbeide, dat jeiht. Do kanns och met Frooch un Antwootspillerei arbeide op ener Bühn, jrad, wann do schwaade deis. Do kanns och met „vokaljeprächte" Melodie arbeide, met enem „Aaah" „Oh oh oh oh" oder enem „Shalala". Ävver denk do dran, dat es kein Jescheesch. Un benutz nur ene Momang vum Entertainment, denn dat, wat üvverlevve deit, es natürlich de Jescheesch.

Wann do Musik mähs, dann natürlich noch die Melodie. En Melodie is DÄ Transporter schläächhin für ding Jescheesch. Se hilf d'r dobei, ding Jescheesch em Kopp ze behalde.

Selvs en d'r Danzerei hät die Jescheesch die wichtigste Roll. Natürlich es durch athletisch Danze, durch Hevvensfijure un durch sportlich Aktivität en däm Janze dä „WOW-Effek" enjebaut, ävver de Jescheesch es dat, wat bliev.

Dann kütt et natürlich op dat janze Zeuch an, wat m'r noch metbrengk. Eja, Sympathiepunkte meinen ich. Ävver och dat, wat m'r vielleich verschenk, esu ene kleine Sticker, e Plättche vun d'r Jittar, en Kaat met enem Autojramm drop oder en Visitekaat. Hückzedaachs säht m'r och jän „ene Pin" oder esu ene Datenträjer, oder ene Hürträjer. Dat all es interessant, denn de Lück han dann jet för Metzenemme, wie m'r säht, „jet för zom Ahnpacke". Irjendjet, wat dodran erinnert, wo m'r jewäse es. E Booch für als Beispill, wann do schwaaden deis. Jenau esu wie dat Booch he. Also nur ens för als Beispill.

Un bitte, fang nit immer widder met däm selve Käu an! Do muss dobei blieve.

Kreativität es dat, wat aktuell es. Un wie säht m'r esu schön – Aktualität jeiht vör Pointe.

Do muss immer jet Neues han – un wann d'r nix mieh enfällt, wat do op d'r Bühn danze, spreche oder wat für'n Musik do maache kanns, dann häs do och nix mieh ze sare.

Dat es wichtig! Maach en Puus. Denk dodran – Kreativität es dä wirkliche Schlössel, öm op d'r Bühn üvverlevve ze künne. De Jrundvörussetzung es, dat do jet kanns – danze, schwaade, Musik maache. Et es hatt! Ävver, et mäht Spaß!

Kapiddel 7

Kuns. Kuns un Investeere – langfristisch.

Wie jeiht dat? Do muss dir zoeeschemol klor weede, wo dä Fähler litt, dä vill Künstler maache. Se maache Projekte. Projekte, für die se dann probe, investeere, maache un dunn – alles nor für dat Projek. Dann jon se hin un beende dat, un dat wor et dann. Un dann maache se et nächste Projek. Widder unger enem andere Name, widder met neu Lück. Esu kann dat nit funktioneere. Kuns es langfristig un nur esu funktioneet dat.

Wie jeiht dat jenau? För als Beispill: Do bes en Band, Musiker, häs ene Name, ov als Solis oder met ener Band, do schrievs Leeder, mähs e Album. Do jeihs met däm Album op Tour. Do wor jetz nit tirektemang ene Hit dobei, ävver et funktioneet. Do häs Erfolg.

Do häs ene Katalog vun Leeder jetz dobei un dinge Name, dä läuf. Zwei Johr späder mähs do widder e Album, unger däm selve Name. Ov Solist oder ov Band, wie ich evvens jesaat han. Un op eimol es do e Leedche dobei, wat e bessje zündet, wat e Volksleed weed, ene Hit.

Jetz häs do vür zwei Johre jo schon ens e Album opjenomme. Do wore Leeder dobei, die kanns do jetz nohjevve, nohscheeße. Op eimol häs do nit nur eine Hit, sonder eine Hit un dann noch drei 1/3tel Hits dobei. Esu funktioneet dat Spill. Jetz muss de dat ens üvver Johre üvverläje, wie dat funktioneere künnt.

Su läuf dat! Langfristich denke es esu wichtich, dat es et Investeere un fröh jenoch drövver nohdenke, wie m'r sich dann interessant noh drusse vürstelle kann.

Ich kann jo ohne Probleme Projekte maache, ävver unger mingem Name, dat es dann e Spezialprojek, wo do dann nem besondere Künstler – vielleich us d'r Verjangenheit ding Zick widme deis, oder vielleicht nem Arrangement oder nem zeitliche Dokument, wo jet Besonderes passeet es, vun wäje Leeder oder Schwaaderei. En Huldijung. Do sorchs doför, dat di Lager voll es. Un je voller dat Lager weed, kütt zweschedurch widder esu ene kleine Hit, un dann kanns do dat, wat do hinge en däm Lager häs, widder noh vürre holle. Esu funktioneet dat Spell. Do muss langfristig denke.

Ävver do als Typ wees jo och älder, un irjendwann kanns do doch vielleich nit mieh Rock 'n Roll maache. Ävver dinge Name es do! Die Lück wesse inzwesche, wat do jeleis häs. Do wors immer widder neu, endäm do dich neu erfunge häs, wo do söks, wo do neugierich bes, un all dat es för et Jeschäff, un di Lager weed immer voller unger dingem Name.

Och muss do dran denke, dat do irjendwann nit mieh Rock 'n' Roll bes, dat do irjendwann ens älder bes. Dat do, jenau esu wie di Publikum, älder wees.

För als Beispill: Do jeihs hin, un baus d'r e Rock 'n' Roll Image op. Do bes met dä Ledderbotz dran, do bes wild un do bes jung – ävver irjendwann bes do nit mieh en dä populäre Szene aktiv, sondern tricks dann us däm Janze, wat do us däm Popbereich häs, di Erkennungszeiche en ding Welt eren. Dat es dat Clevere. Noch ens für als Beispill:

Do bes en Band, do häs ene Hit, oder Solist, oder Danz, oder Schwaaderei. Op eimol häs do die „Breite“, die Lück kenne dich, un jetz muss do dodruss Lück holle un se ahn dich binge. Un die dann aanfüttere. Met däm, wat do fröher jemaat häs, us dingem Lager, und natürlich mit däm, wat dann en d'r Zokunf noch kütt.

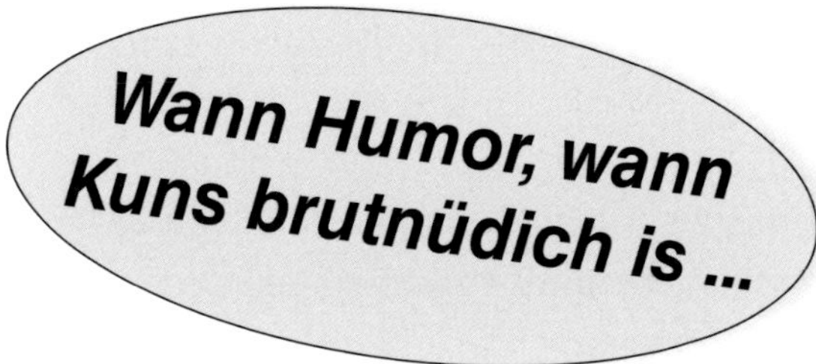

Un immer widder muss do sin, dat do neu Lück erenkumme, nohkumme. Dofür muss do dich immer widder neu erfinge. En dä schlemmste Zigge, wor Kuns die stabilste Währung, die et jov. Selvs bei denne Lück, die jemolt han. E Beld – et jit nix, wat esu stabil es un esu e Waahstum hät, wie e Beld. För als Beispill. Dat steich em Pries mieh als Jold. Esu es et och met d'r Kuns. Do kanns immer arbeide, do bringks denne Lück Freud, Jedanke, Emotione. Se künne laache, kriesche. Dat es dat, wat et Bess läuf, och wann die Zigge ens schlääch sin.

Wann Humor, wann Kuns brutnüdich es.

Brutnüdich fingen ich jroßartig als Bejriff. Hä es wie Nahrung, Nahrung för die Siel, vun andere und vun Dir. Nur noch ens – fang nit ahndauernd neu Projekte unger enem neue Nome ahn. Sorch doför, dat di Lager voll es. Denn wann dat voll es, kanns do immer nohlivvere.

Dat es clever. Dinge Name es nohher Jold wäät.

En d'r letzte Zick han ich immer widder jehoot, wie einer jesaat hät, „wann do Spaß häs, dann jeihs do nit mieh arbeide“. Un do es och e bessje jet dran. Selvsverständlich es Künstler sin vill Arbeit, ävver et mäht jo Spaß. Et es jo fass wie freie Zick, die m'r hät un en dä do jet mähs, wat de Zick üvverduurt. Dat verröckte dodran es, dat do och do widder för dich arbeiden deis. Unger dingem Name.

Ich weiß, ich dun dä Bejriff ärch stresse, ävver ich versööken dich en die richtije Bahn vürzelenke. Ich weiß noch, wie se mich beklopp jemaat han, vun wäjen d'r Rente.

„Do muss dofür sorje, dat et dir, wann do alt bes, ens joot jeiht, dat do nit mieh arbeide muss.“ Un jenau do litt dä Fähler. Wann et kein Arbeit es, dann kanns do jetz dofür sorje met Kuns, dat do ens en Rente häs. Natürlich zahls do in en Kass eren, natürlich jeihs do hin, met dingem Repertoire, dat do dann bei de Rechte für die Vervielfältijunge immer noch ens e bessje jet an Nüssele kriss, ävver ne Optredd, en Präsentation es Jold wääd. Do kriss et doch bezahlt. Do muss nur dran arbeide, dat do winnich Enerjie investeere muss en dinge Optredd. Domet do dann, wann do ens älder bes, dat joot verdaue kanns.

Alles en allem: Kuns, die Langfristichkeit, Kreativität, singem Produk treu ze sin, dat alles zahlt sich us. Dat funktioneet bes dat do nit mieh do bes – un dodrövver erus.

Ävver han Spaß dobei, wie immer.

Kapiddel 8

Wann m'r üvver Kölle spreche deit, sprich m'r üvver Nohbarkeit.

Dä Optredd es joot jelaufe, ävver dat es nit alles. Vürher und noher spillt och en sehr wichtije Roll.

Wat meinen ich met vürher? Die Lück wolle Kontak zo dir han. Die Lück wolle, dat jeder Optredd, dä se vun dir buche, jet Besonderes es, quasi moßjeschneidert.

Dat Jeföhl muss do denne och jevve, dat es wichtig. Wann do vill ze dun häs, dann han de Lück schon Verständnis. Dat muss do dann nur sare. „Ich han jrad vill ze dun, an däm Daach han ich e paar Optredde – oder ich han an däm Daach schon e janz Konzäät, wat ich spille mööch."

Also saach et inne. Sei ihrlich met denne, die versöke jo och ihrlich met dir ze sin. Je ihrlicher do bes, je mieh – merks do et – sin die Lück et met dir. Ach, un maach d'r kein Sorje, se wolle nit all feilsche met dir. Se wolle nur jet Besonderes han, un jenau dat es inne och jet wääd. Wann se et nit sin, loss et tirektemang, dann sin et de falsche Lück für dich. Wann nur dä Pries entscheid, dann kann et och ene andere maache.

Ävver jetz müsse m'r sin, dat dä Optredd joot es, un dat wor hä jetz och. Ahnjenumme, dä Optredd wor super, wat passeet jetz? Jetz packs do flöck en un sühs, dat do fott küss, weil do wells jo mit denne Minsche nix ze dun han! Jo, do Athlet, jenau dat es falsch! Denn dat es dat Wichtigste! Wann do joot wors, muss do sin, dat do doblievs. Nemm d'r de Zick, mit denne Lück ze schwaade, loss dich ahnpacke, han klei Jeschenke dobei – ne Pin, en Kaat.

Dun dich op de Minsche noh däm Optredd freue. Wie ich jesaaht han, bes nohbar. CDs verkäufs do och dann, wann dä Optredd joot wor – vürher nit!

De Lück wollen en Erinnerung han, irjendjet, wat se irjendwann ens an dä Ovend erinnert. Dat es och wichtig. Wann do dann do steihs un ding Helfer, ding Assistente baue för dich dä Optredd av, öm dä Ware ze packe, jank unger de Lück. Luur se d'r ahn – ov se dich anlächele. Ävver dun als eetster lächele, denn et künnt sin, dat die Lück Angs vör dir han. Se han Sorch, dich ze stüre.

Dat es wirklich wohr, ävver de Angs muss do inne nemme. Do muss op de Lück zojon. Dat jehürt och noch met zo dem Optredd dozo. Esu ene Optredd es natürlich wichtig, och vun wäje däm Erfolg. Ävver sperr dich dann nit vür denne Minsche. Do häs alles en d'r Hand, dat do noch ens jebuch wees un dat die Lück sich op dich freue.

Un denk immer dodran, wann do ne Optredd häs em Fasteleer, dann wells do doch noh Äschermettwoch vielleicht noch ens e Konzäät jevve. Un dat es de beste Werbung, die do häs, donoh op de Minsche zozejon.

Ne joode Trick es, wann do Entreddskaate dobei häs, für e Konzäät, wat e paar Woche späder es – em Mai, em Juni. Do kanns tirektemang Kaate verkaufe. Persönlich – och dat han die Minsche jän.

Wann se jet persönlich vun Dir bekumme, dann nemmen se et Dir esu jän aff. Dat es och keine Trick, dat es jet Vernünftijes. Do jiss denne dat Jeföhl, do bes e Deil vun denne.

M'r schwaade üvver Kölle. Sechsunachzich Veedel, un dann häs do do och noch dä Speckjöödel. Do häs 1,2 Millione Minsche en Kölle wonne, dovun häs do knapp fuffzich- bis seggzichdausend, die beklopp op dä Fasteleer sin, die dich met Name kenne. Dä Ress sin Interessierte oder die, die jän fiere. Öm die Lück muss do dich ävver kümmere. Do häs en Aufjab. Hol se d'r en dä Fastelovend, en et Brauchtum eren.

Met Fründlichkeit un Respek – jank op de Lück zo. Denn dann passeet jet, domet häts do nie jerechnet.

De Lück wollen d'r jet us ihrem Levve verzälle, jet, dat jraad passeet es, oder en Anekdot, wat met enem Leed oder enem Wetz oder wat se jeföhlt han, wann do jedanz häs, assoziiere, se erinnert an irjendjet us ihrer Verjangenheit, wat jrad eets passeet oder och schon länger her es oder als Panz oder süns jet.

Do denks d'r vielleich: „Wat soll ich m'r dat dann jetz he ahnhüre?" Dun d'r ne Jefalle, hür et d'r ahn – die Emotione un Erinnerunge, die do wecks, met dinge Inhalte, sin spannende Jescheeschte, us denne do wieder neu Material forme kanns. Jescheeschte sin dat, wat mir verzälle – e Krätzje.

E Krätzje es en Jescheesch, dat es en Tatsach! Die kanns do, wie ich jesaat han, danze, do kanns drövver schwaade, spreche, Wetze verzälle oder deis do och e Leedche maache. Un wann do tirektemang vun dinger Kundschaff, vun dä Lück, die dich jän han, die dich hüre, die dich buche, die Kaate kaufe, en Jescheesch hüre deis, es dat dat Jeschenk schläächhin! Un eines kann ich d'r sare: Dat sin spannende Jescheeschte, die sich lohne! Dann müsse mir noch üvver dä Verzehr spreche. Jetränke, Esse. Ich meinen jetz nit hinger d'r Bühn, em esu jenannte Backstagebereich – ald widder e kölsch Woot – op Englisch.

Enä, ich meinen, met denne Lück noch e Kölsch ze drinke. Se brenge d'r e Kölsch. Wann do Alkohol verdrähs, drink et met denne – se dun sich dodrövver freue.

Wann do et nit verdrähs, weil de krank bes oder och weil do et einfach nit maachs, dann saach dat denne Lück. Saach einfach: „Et deit mir leid, ävver ich verdraren keine Alkohol, breng mir e Wasser." Mem Esse es dat jenau esu. De Lück dun et vun Hätze jän, d'r jet jevve. Also nemm et och jän an, ävver üvverdriev et nit. Met dä Jetränke, mem Esse. Wann do en enem Weetshuus bes, dun denne Lück ene Jefalle. Do häs wahrscheinlich ärch vill Gage bekumme. Bestell nit och noch jet an Esse, denn dat müssen se jo all bezahle. Selvsverständlich wööten se d'r dat Esse och noch bezahle, wä soll dann do och nä sare, ävver m'r muss sich frore, muss dat sin? Wichtig es noch, dat do dich fründlich verabscheede deis. Saach et am bes op Kölsch „maat et joot". Do muss nit jedem de Hand jevve, ävver esu in de Rund eren „Tschüss zesamme, ich muss zom nächste Optredd!" Oder: „Ich fahre jetz noh Huhs, ich zahle Meet un ich will wesse wofür."

Kapiddel 9

Wat bruch ich jetz, öm ene Optredd qualitativ öfters op de Bühn brenge ze künne? Mich ze widderholle?

Fange m'r eets emol ahn, dodrövver ze spreche, wat m'r dofür an Material bruch. Un domet meinen ich jetz nit e Auto oder en Anlaach, sondern ich meine, wat m'r em Kopp han muss.

Janz einfach – vill. Fünnefunzwanzich Minutte em Fasteleer bedügg för mich, dat ich anderthalv Stund neu Zeuch em Kopp halde muss, domet ich mich immer widder vun vürre qualitativ widderholle kann. Wat es dat? Ich jon durch dä Saal, esu wie m'r dat besproche han, un entscheide dann op d'r Bühn, wat ich als eetstes maache.

Eets emol opodeme. Dann entscheide – un zwar us däm, wat ich em Kopp han vun dä anderthalv Stund – jedes Johr neu Zeuch. Natürlich kann ich als Musiker met enem Leed, wat üvver de Johre joot funktioneet hät, immer ens widder de Dynamik noh vürre brenge. Dat bedügg, ich kann de Lück zom Singe brenge. Ävver och dat jeiht irjendwann ens an et Engk, de Lück wolle och ens jet Neues singe oder hüre.

Ich han also anderthalv Stund em Kopp un bruche dovun jetz zwanzich Minutte. Entscheiden ich mich jetzt für ene Wääch, wann ich jetz ahnfange?

Enä! Ich fange met däm eetste ahn un luure dann, wat passeet. Ich muss mich dann entscheide, wat als nächstes kütt. Et muss em Kopp also wach sin, dat bedügg, keine Alkohol. Sportlich aktiv sin, fit sin – üvverall en däm, wat ich maache. Ich muss joot drop sin un jenau wesse, wat ich do maache. Un dann noch die Emotione, op en jewisse Aat un Wies unkontrolleet laufe losse. Ich muss knatsche künne op d'r Bühn. Dat jeiht ävver nur, wann m'r wirklich ihrlich es. Ich spille kein Roll. En Roll ze spille bedügg, dat m'r och hin un widder e bissje lüje deit. Un dat kann ich nit joot. Ich han kei joot Jedächtnis. Un et es einfacher nohher, wann m'r op d'r Bühn ihrlich is.

Ävver joot, die eetste Saach wor do, die zweite Saach, un jetz jeiht et jo janz normal wigger – enä, dat jeiht et leider nit. Ich muss widder affwäje, ze glicher Zick schwaade un denke, wat maachen ich als Nächstes? Wat han ich jebraat ? Dat darf ich och nit verjesse. Un jetz kütt et – beim nächste Optredd widder vun vürre ahnfange. Av däm drette Optredd, kann ich dir janz höösch sare, häs do dat Jeföhl: „Han ich dat jetz evvens schon ens esu jemaat?“ Also merks do, dat es Logistik. Alles, wat em Kopp passeet. Ich will jet widderholle, un dat öfters, also muss ich och funktioneere – met däm, wat ich kann, un met däm, wat ich han.

Kumme m'r jetz zo dä Logistik, die dich üvver dä Ovend brengk oder üvver de Daach oder üvver de Woch, övver de Moond un üvver de Johre.

Do bruchs Partner. Do muss irjendwie e Team öm dich eröm baue, wat funktioneere deit.

Wann et dat nit deit, häs do eijentlich schon verlore.

Fange m'r domet ahn, dat do immer „up-to-date" bes met däm Büro. Do muss eine finge, dä för dich sprich, als wenn do et wörs.

Do kanns dat nit all selvs maache. Ene Vertrach erusschicke, dann och noch Preise maache, ene Bleck för dä Maat han, wat jrad esu erömläuf, un dä dann noch de janze Zick telefoneet un akquireet – dat jeiht nit. Eine ze finge bedügg ävver och, dat m'r en joot bezahle muss. Denn die eetste Mole mäht dat einer vielleich, weil hä do Spaß dran hät, weil hä do Loss zo hät. Ävver Loss es jet, wat m'r flöck verliere kann. Un dann muss sich dat och lohne. Un alles, wat sich lohne deit, muss m'r och bezahle.

Dat es esu. Joot, dann hätte m'r dat ald ens.

Jetz bruchs do noch de Logistik, öm vun einem zom nächste Optredd ze kumme, also e Auto, e Rädche, e Föppche. Für en Rikscha, do es et ze kalt, jrad en dä Session. Do wells jo och jesund zom nächste Optredd kumme un villeich ens de Zick han, Luff ze holle. Zo Foß jon kanns do selvsverständlich och. Dat jeiht, wann do en d'r Altstadt wonne deis, esu wie ich, dann jeihs do vum Maritim en dä Jözenich – ävver bes zum Sartory weed et ald ärch eng. Do muss m'r nämlich vill laufe, „dat trick sich" säht dä Kölsche.

Öm e Auto küss do also nit dröm eröm. Do bruchs also och ene Fahrer, denn do kriss nit üvverall ene Parkplatz, also jrad en Kölle nit. Kann ich d'r sare. För nur esu als Beispill: Do häs ene Optredd em Maritim, also parks do op dä Bröck, die noh Düx führe deit. Do is op dä räächte Sigg su ene kleine Bühneopjang, un tatsächlich – allein do schon ze ston, es nit erlaub.

Do muss also eijentlich einer setze blieve, denn wann de Schmier kütt, also de Polizei, dann muss do dann fottfahre künne. Do steihs ävver jrad op d'r Bühn, dat jiddere also keine. Un för dä Ware dann en Ossendörp bei Colonia affzeholle, häs do em Fastelovend ens überhaup jar kein Zick! Also, bes do do, häs ene Optredd, et es alles joot jelaufe, also fährs do dann vun do us en dä Jözenich, weil do dä nächste Optredd es.

Und jetz ens allein die Fahrt: Do muss also jetz eets ens erüvver noh Düx fahre, hinge am Turm vum Landschaftsverband mähs do ene kleine „U-turn", also quasi „links eröm – rächts eröm" wie m'r op Kölsch sare deit un fährs dann tirektemang WIDDER üvver de Bröck op de andere Sigg, öm zom Jözenich ze kumme.

Su, simmer ens ihrlich, m'r han jetz unjefähr foljende Zeitplanung: Do bes jebuch für fünnefunzwanzich Minutte, zehn bis fuffzehn MInutte vürher will ich do sin, falls e Loch es, usserdäm muss m'r dat Zeuch, wat do dobei häs jo och eets ens en d'r Saal packe, wat do bruchs op dä Bühn. Dann mähs do dä Optredd un küss pünktlich op de Bühn. Also fuffzehn Minutte doblieve, dann häs do dä Optredd met fünnefunzwanzich Minutte, noch fünnef Minutte drop weil et dä Lück esu joot jefalle hät un dann vun dä Bühn. Die Lück, die d'r helfe, müsse dä Ware widder vollpacke, also noch ens zehn Minutte drop. Dann muss do met däm Literat noch schwaade, do wells jo eventuell de Nüssele noch metnemme. Dann en dä Ware, dann fährs do noh Düx erüvver – et es e bessje Stau, et es jlatt oder naass, et es am Rääne. Un wann et räänt, sin nur noch Athlete ungerwähs, dat kann ich d'r flüstere. Do fährs also bes noh hingen durch bes zom Bahnhoff, driehs eröm, am Jözenich vorbei, ne kleine Stau, do darfs nit esu schnell fahre, also fährs do dann am Heumaaat vürbei – un immer dran denke, op Kölsch is dä Heumaat noch immer dä Heumaat un nit dä „Hüümaat“. Dat kammer sich janz einfach merke, e Pääd friss Heu un kei Hüü – ävver ejal jetz:

Do fährs die Jözenichstrooß erop, dann häs do links, do musste dich dran halde, Tinas Stadttreff, also dä Darkroom vum kölsche Fastelovend, fährs dann rääts de Eck eröm, wann do bovven ahnjekumme bes, also an d'r Jözenichstroß Ecke Schilderjass, die dann irjendwann ens ahnfängk. Rääts eröm, op d'r räächte Sigg sühste dann dä Jözenich, tirek nevven St. Alban, dat Mahnmol vun Kölle, also eine vun dä romanische Kirche, die se nit mieh opjebaut han. Op dä linke SIgg häs do dat andere Mahnmol, et Wiener Steffie, ejal jetz – fährs wigger jraad us. Op dä räächte Sigg kütt dat Museum – do fährs do dann rääts eren, wann de Jlöck häs, sin nit vill Lück do...

Dann noch eimol rääts de Eck eröm, dann fährs do zum Jözenich, dann küss do am Jözenich vürre ahn. Vum Maritim us jesinn, kann ich d'r flüstere, bruchs do locker zwanzich bes fünnefunzwanzich Minutte, bes do dann am Jözenich steihs und wann do DANN noch ärch vill Jlöck häs, kriss do ene Parkplatz met enem Auto!

Also bruchs do als Einzelkünstler e Auto! Dat is ävver dat nächste Problem, wann do met ener Band ungerwähs bes, müsse do all de Lück eren un de Technik. Also bruchs do eijentlich schon zwei Autos, also zwei Busse.

Jetz kannste d'r ens koot üvverläje un d'r selvs verklööre, wie jroß de Chance dann sin, do en Kölle ne Parkplatz ze krijje.

Die jon jäje Null. Also, die Zick, die do häs: Ich rechne für eine Optredd an Managementplanung vun wäje Zick locker achtzich Minutte. Jetz kannste ens üvverläje, achtzich Minutte, also en Stund op en Stund zwanzich bes do ungerwähs för eine Optredd, esu schaffs do an einem Ovend en d'r Innenstadt vun Kölle zwesche fünnef un sechs Optredde – mieh nit!

Dat bedügg Logistik. Wann et nur öm et Fahre jeiht. Jetz kumme m'r an dä Punk, wo do sähs: „Ich bruch Lück för zom Ahnpacke, zom Maache, zom Dun!"

Un jetz saren ich dir noch ene joode Tipp för dat Kapitel zom Schluss: Dun d'r immer de selve Lück halde, denn och die wolle bezahlt weede, jenau wie di Büro. Denn wann do Driss häs, häs do Driss am Schohn, dat saren ich dir.

Un wie immer – han Spaß dobei!

ma

Kapiddel 10

Dä!

Jetz hammer Jas jejovve. Un dat in nüng Kapiddele! Mein Jott, wat soll ich sare? Esu es et. Ävver et wichtigste Kapiddel kütt jetz eets. Un zwar: en Paus maache!

Jo, dat es wichtig. En Paus mache. Wann mäht m'r dann en Paus?

Nemme m'r ens ahn, do häs dat Jlöck, dat do sibbe bes aach Mol an esu enem Daach jebooch wees för Brauchtumsveranstaltunge oder do häs e Konzäät. Ävver fange m'r met dä aach Optredde ahn.

Do muss en Paus han. Miehstens es dat esu, dat dich de Fahrzick vun einem zom nächste Optredd en esu en Paus erenbrengk. Do deis do nit schwaade, do deis e bissje met dingem mobile Telefon erömspille, ävver dun nit telefoneere. Dat es för dä Kopp alles vill Arbeit. E bessje jet lesse vielleich, e klei Filmche luure oder söns jet – oder spill jet, esu e Telespill. Et jiddet och, dat die Kolleje esu unger sich spille, vun Ware ze Ware. Dat es en schön Idee, domet kammer entspanne. Dun jet esse, drinke und ich meine domet keine Alkohol, ich meine Wasser oder vielleich ene Saff. Dä kann och Power brenge. Ess en Banaan, jet Jesundes, also kein Fritte. Joot, dat kannste och ens maache, ävver denk do dran, dat schleiht alles op dä Körper, wat de do mähs.

Su en Paus es wichtig. Also selvs zo enem Optredd fahre jeiht jo schon rein logistisch nit, dat hammer jo evvens en däm Kapitel jeliert. Ävver och vum Kopp her, dat schaffs do nit all, do muss en Paus han. Un am beste is et, wann do drei oder vier Optredde jemaat häs, dann ens en Stund wirklich de Aure zozemaache. Dat bedügg nit, en e Jlas-Bier-Jeschäff ze jon, weder akustische Singnale öm sich eröm ze han, enä, Paus. Fress halde, nix dun, nix hüre, maximal einfach nur jraadus luure.

Dann bruch m'r ävver och noch dä Daach Paus. Do kanns nit immer wigger arbeide. Do bruchs ene Daach. För uns en Kölle, för die Karnevaliste hammer jesaat, dat dä Mondaach ene Fierdaach es. Also quasi uns Wocheengk. Do dummer nix. Ens wirklich nix dun, domet meinen ich jetz, och nit widder vill ze telefoneere oder irjendjet anderes maache, wat met dingem Job ze dun hät. Vielleich de Wäsch maache oder esu oder vielleicht och einfach nur de Wäng anluure, denn söns häls do et nit durch.

Denn mir spreche he vun d'r Zick vum Elften-em-Elften – met ener kleine Ungerbrechung vum Christelovend – tirektemang bes en dä Äschermettwoch, drei Mond Knalljas. Un wann do dann dat Jlöck häs un häs dann noch ene Haupjob, also en Arbeidsstell nevven däm Fasteleer, dann ävver Naach Mattes. Dann bruchs do wirklich Urlaub. Un zwar dann widder en Paus – un zwar öm vielleich ens irjendjet ze maache, dat nix mem Fasteleer ze dun hät. Irjendwann muss do och ens dä Kopp frei maache, un ens irjendjet anderes en dinge Kopp losse, domet do durchodeme kanns, opodeme. Dat es janz wichtig. Natürlich kanns do dingem Kopp och jet zomoode, met irjendjet anderem. Ene schöne Sport, dat kann och ene Jedankesport sin, ävver dun jet anderes. Oder vielleich och ens tatsächlich ens nix.

Op e Meer luure oder op e Städtche, joot esse jon, denn dat häs do jetz drei bes vier Mond nit richtig jemaat, esu richtig met Jemöös un Zaus un Äädäppele, irjendjet, wat d'r joot deit.

Jetz dummer üvver e Konzäät spreche un woröm do en Paus esu ärch wichtig es. Die es nit nur för dich, die es och för et Publikum.

Nemme m'r ens ahn, do fängs öm zwanzich Uhr met däm eetste Leed oder met „Tach zesamme" ahn. Dann mähste en dreiveedel Stund op en Stund Projramm, immer ens widder met enem Leedche, Musik met Danz, met irjendjet, wat de Lück och en dä Affwechslung fange deit. Vun do ahn jeihs do dann en en Paus.

Dat es sehr wichtig, also janz wichtig esu en Paus. Denn de Lück wolle sich üvver dat Erläävte ustuusche. Interaktion nennt dä Internationale dat.

Wat mäht m'r do? M'r deit bei enem Kaltjetränk dodrüvver schwaade, wat jrad en dä verjangene fuffzich Minutte passeet es. Oder m'r rauch sich en Zijarett, och wann et unjesund es. Ävver m'r mäht irjendjet, öm et ze verdaue, wat jrad esu passeet es en däm Sälche, en dä Weetschaff, oder weiß Jott wo. De Haupsaach es, en Paus.

För dich als Künstler es de Paus övverhaup kein Paus. Do muss dich dann nämlich unger et Volk jöcke, denn do wells jo vielleich en CD verkaufe oder e T-Shirt oder söns jet. Un do verkäufs en d'r Paus richtig joot! Jo, un de Lück wolle sich dann och met dir ungerhalde, denn noh däm Konzäät han se Hunger un Doosch. Do wollen se en e Brauhaus, do wollen se noh Huhs oder irjendwo anders noch hin. Do bes nämlich nit et Engk an däm Ovend, dat saren ich dir.

Von he us jeiht et wigger... Also bes do en d'r Paus widder ungerwähs. Ävver bitte, bitte, dun m'r ne Jefalle, maach für dich selvs fünnef Minutte Paus, bevür do widder anfängs met däm zweite Deil. Do muss och e bessje Zick för dich han. Ävver dann küss do op de Bühn un denks dir, „jetz jeiht dat widder esu loss, wie do opjehürt häs".

Un jenau däm es nit esu! Enä, do muss dich widder en de Dynamik erenbringe.

Un dat es dat nächste Kapiddel. Ävver bes jetz häs do schon ens vielleich e klei Päusje verdeent. Drink d'r doch einfach eine!

Kapiddel 11

Jetz muss m'r ävver zoeeschemol wisse, wat bedügg für mich Dynamik. Also für JP Weber bedügg Dynamik en janze Meng.

Wie schnell m'r schwaad, wie leis m'r schwaad, wie laut m'r schwaad, wat m'r met däm Opodeme mäht, mäht m'r domet Spannung oder doch nur en Paus?

Dynamik bedügg ävver och, wat ich veröffentliche, also wat ich an Produkte op d'r Maat schmieße un wann ich dat maache.

Dynamik heiß ävver och, wat ich en dä öffentliche Medie, also die, die ich unger minger Kontroll han, veröffentliche.

Hürt sich jetzt nit esu einfach an, es et ävver! Ich spreche vun Social Media.

Dynamik es alles! Fange m'r ens met däm Letzte ahn. Met dä soziale Medie:

Tja, ich han en jolde Rejel för mich jefunge. Un zwar, nur dann jet ze poste, also ze veröffentliche, wann ich och jet ze sare han. Dat bedügg, wann ich en Meinung han, die ich och vertredde mööch. Oder ich mööch polariseere oder ich mööch e Produk anzeije, e Konzäät, un Werbung dofür maache. Ich künnt och ene neue Aufkleber oder e Metallspängelche, also ene Pin, dä ich veröffentliche mööch, oder en neu Plaat, die ich jemaat han, bewerbe.

Oder esu wie he – e Booch, wat ich schrieve. Vielleich och en Dokumentation, an welchem Stand ich jrad ben. Et künnt och ene blöde Wetz sin. Ene blöde Wetz, dä polariseere deit; domet mööch ich dann Opmerksamkeit erlange. Ich well, dat mich Minsche nit jän han, jenau esu, wie ich mööch, dat mich Minsche jän han. Dynamik.

Ävver wann maachen ich dat? Ich maachen dat immer dann, wann m'r och jet dozu enfällt. Un nit „Aaah, he han ich e neu Esse, dat muss ich jetz ävver fotojrafeere – un morje han ich ene Nohdesch, dä muss ich dann och fotojrafeere." Dat kammer natürlich ens maache, ävver üvverdriev dat nit. Do muss immer met däm, wat de veröffentlichs, dynamisch denke; dat dun ich och. Ens sparsamer, ens nit esu sparsam. Mol ze vill un mol ze winnich, un selvs dobei kann ich dann dynamisch denke. Wann ich de Lück langwiele mööch – ich weiß, dat klingk seltsam.

Ich mööch de Lück langwiele. Wie jeiht dat? Endäm ich vielleich jede Ovend vier Optredde han un jedes Mol en Bühn fotojrafeere, domet langwiele ich de Lück. Irjendwann sin se dann esu jelangwielt, dat se och jenerv sin, un dann springen ich aff. Dann denken sich de Lück: „Hät dä jetz kein Optredde mieh?" Un dann hauen ich drop. Natürlich hadd ich ene Optredd, ävver dat han ich dann nit mieh fotojrafeet un veröffentlich.

Us d'r Langewiel erus wees do dann och nit mieh „abonneet". Un op eimol wolle se dich widder sin, dann, wann do widder polarisees. Do muss do en Jescheesch ze baue zo däm, wat do mähs. Un natürlich maachen ich och Fähler. Ävver jeder, dä Fähler mäht, mäht och jet. M'r muss us dä Fähler halt nur liere. Dann hät esu ene Fähler och ene Effek för dich. Un do liers widder Minsche kenne. Wann do jet ware deis, verliers do vielleich vun dä einhundert Mann, die dir folge, zehn. Wann do ävver Jlöck häs, jewinns do dobei dann ävver dressich...

Esu es dat em Levve. Als Künstler un als Minsch muss do liere, wie Dynamik funktioneet. Och för dich selvs muss do ding eijene Dynamik kenneliere. Wie jesaat, do häs nohher bestemmp en eijene Üvverschriff, wie do en däm janze Bereich vun dä soziale Medie funktioneere deis. Vill Jlöck und vür allem vill Spaß dobei.

Un wie es et jetz op d'r Bühn, wann ich arbeide? Met däselve Dynamik. Domet sprichs do ens schnell oder wees och liere, dat do ens widder langsam spreche muss. Jenau esu es et, wann do janz höösch spreche deis, wann do flüsters. Oder em Jäjedeil, wann do laut wees, denn jenau domet deis do di Publikum stresse.

Se jon laufe, se folje dir widder, ävver domet kammer arbeide, domet kammer „spille". Dynamik es tatsächlich alles? Enä, et es nur et Verkaufe vun denne Inhalte, die do hoffentlich häs. Ohne Inhalt nütz d'r de beste Dynamik nix.

Schlääch weed et, wann do esu ene Athlet bes, dä beides nit hät. Do deis spreche un schrieve wie en Maschin un häs dobei och keinerlei Inhalte, öm Joddes Wille!

Dann dun Dir selvs ene Jefalle – fang noch ens ahn und lies dat Boch noch ens janz vun vürre. Un bes d'r nur wirklich em Klore, wat jenau do do anfängks. Jenau esu wie die Sproch, die do jetz hüren deis. Mänchesmol sprechen ich Kölsch, ävver manchmal spreche ich ganz klar Hochdeutsch. Domet ich polariseere? Enä, öm jet ze ungerstriche, domet d'r klor weed, ah jetz ändert sich jet.

Jenau dat es och Dynamik op ener Bühn. Wann ich dann ahnfange, hochdeutsch ze schwaade. Oder wann ich dä Bejriff schwaade benutze oder spreche. Spreche es Kölsch, schwaade och. Ävver wann benutzen ich wat?

Schwaade es esu en Jesellischkeit. Spreche kütt op d'r Punk. Och dat es Dynamik.

Also för mich, ming Dynamik. Ming eijene Dynamik kann ävver och richtig „op d'r Sack jon". Mänchesmol, esu denken ich, su ne Minsch wie als för zum Beispill dä Michael „Knippi" Knipprath, dä dat Janze he schrieve muss, wat ich enjesproche han. Jo, die ärm Sau muss met minger Dynamik klorkumme. Un och mänchesmol met enem Halv- oder Schachtelsatz klar kumme. Ävver do freuen ich mich drop, weil ich weiß, dat hä dann am Secke es un och mänchesmol üvverrasch es, dat ich dann zo im loyal ben.

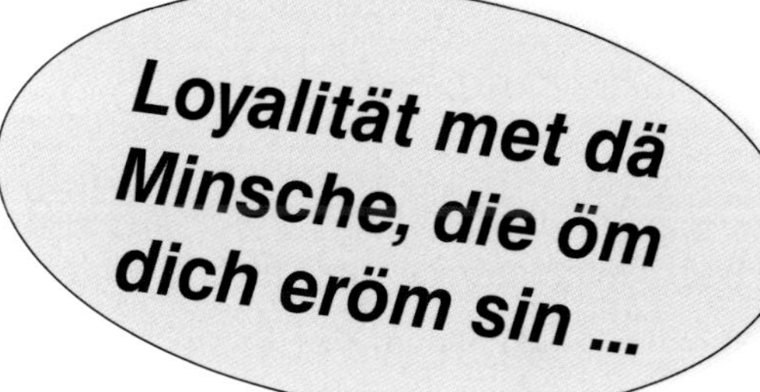

Loyalität, dat hät m'r nit nur für sich selvs, wo se extremst wichtig es. Enä, och für Minsche, die öm dich eröm sin. Dä Knippi es für mich wichtig. Hä es minge Jejenpol. Ävver och zeglich minge Broder. Jo, met däm maachen ich alles. Ich dun komponeere met däm, ich maachen met im Texte, och ming Schwaadereie sprechen ich met im aff. Hä hät ene Wetz, dä bauen ich en oder och nit, ävver hä hät sing eijene Dynamik. Jo, die soll hä och behalde, denn dorop kütt et jo ahn. Domet kann ich mich dann reflekteere.

En im, dä nit esu es wie ich, kann ich sin, wie ich Jeck funktioneere dun. Denn esu selvsverlieb, wie m'r dann och es, kammer och rech flöck op Jlatties kumme. Un dat es nit joot. Also: Ohne Knippi ben ich nix!

Wat meins do, wat dä sich jetz wundert, woröm ich in he verklöre. Jenau esu dä Rainer, minge Assistent, minge Techniker, minge Haupfahrer. Einer, dä met m'r op d'r Bühn steiht, ävver nit ze sin es. Dä, dä minge Sound mäht. Dä es wichtig för mich, dä bruchen ich. Un dä hät och sing eijene Dynamik. Dä es vun singer Dynamik nöher dran bei mir als jetz dä Knippi. Ävver dat funktioneet joot. Nur met däm kann ich nit komponeere oder texte, ävver och hä hät för mich en Jescheesch, die joot för mich funktioneere künnt. Janz jenau esu, wie hä sich dat vürstellt. Dann benutzen ich die och. Nur ens als Beispill, wann hä esu en Idee hät, un süht de Lück op d'r Stroß jon un säht: „Luur ens, die han Frisure, ich han nur Hoor!" Ene jroßartije Satz!

Dä bauen ich dann en, wann et pass! Mänchesmol pass dat esujar dynamisch esu joot, dat dä am selve Ovend noch met op de Bühn kütt. Ävver mänchesmol jeiht et och en de Botz. Dann wor en däm Momang de Dynamik nit esu joot. Do muss ich dann drus liere, ävver dat funktioneet, wann die Dynamik stemmp.

Als Musiker häs do och Dynamik. E schnell Leedche, e langsam Leedche, ne Walzer zom Schunkele oder vielleich e Leedche, wo m'r joot bei drinke kann. Noch vill wichtijer es et, wann do e Leedche häs, wo do dä Text vielleich nur spreche deis. Weil die Dynamik vun Musik un Rhythmus dann hinjeiht un em Nejative dofür sorch, dat do dä Text nit mieh versteihs. Also zum Beispill en ener Stroph. Em Refrain wells do de Lück jo widder ahn et

Singe bränge, also muss do dann do widder dynamisch Tempo jewenne, beziehungswies e Tempo han. Dann muss do en andere Dynamik wähle.

Einer vun dä winnije Name, die ich he erwähne, dä es Hans Breuer Neppes. Dä hät mir dat beijebraat. En d'r Stroph ene Wetz ze verzälle, öm dann em Kehrreim oder Refrain – dä Engländer säht och Chorus dozo – die Lück widder zom Singe ze bränge. Dynamik.

Als Dänzer häs do dat selve Spill. Do häs ene langsame Danz, ne schnelle Danz. Die Musik, die metrieß, un dann verzälls do en Jescheesch. Do verzälls und verdanz dat, wat us dingem Hätze kütt. Dynamik es tatsächlich alles. Et jeiht esu wigg, dat ich während enem Optredd vun mir an irjendeinem Punk sare: „Jetz hüren ich op." Wann ich die Lück nit hüher krijje, als ich se jrad han. Dann schreit die Dynamik – STOP! Hür op!

Un jenau an dä Stell ben ich jetz och. Denn wat ich he sare will, es, dat Dynamik alles es, ävver nur in Verbindung met Inhalte. Eijentlich han ich alles jesaat. Un jenau jetz säht die Dynamik mir: „Halt de Fress! Hür op!" Jo joot, dann sollt ich dat och dun.

Natürlich han ich dat Jeföhl, ich han noch jet verjesse oder ich künnt noch jet sare, un ich dun dann esu, als wann m'r he un do noch jet erenpacke kann, nur öm die richtije Wööder noch ens ze vervielfältije. Dat es wie en CD, wo m'r Leeder opnimmp, un m'r säht sich: „Och, do passe achtzich Minutte drop, dann maachen ich die och voll!" Dat es nit immer dä richtije Wääch. Dynamik es alle met Inhalten, un wann m'r dat Jeföhl hät, dann hür op. Dann dun ich dat jetz. Ich hüren op. Met däm Booch he.

M’r hät dat Spaß jemaat. Esujar richtig Spaß jemaat. Un ich ben op Jedanke jekumme, do wor ich vielleich jar nit op däm Wääch, als ich m’r dat Booch en minge Jedanke zoräächjebastelt han.

Vielleicht han ich dich och he un do zom Schmunzele jebraat oder do bes ener andere Meinung, als wie ich die han. Dann es och dat joot esu, dann häs do en Meinung entwickelt. Un och dofür es esu e Booch joot.

Ich wünschen üch, dat ihr all jesund blievt, un ich wünschen üch all noch hunderte vun wunderschöne Fasteleers. Dat es e komisch Woot, dä Plural vun Karneval. Ävver joot, et jitt jo och eijentlich nur eine Fastelovend, dann muss et jo och nit ene Plural dovun jevve. Es doch janz einfach, janz klor – wat maachen ich mir he och für Jedanke ...

Hm, minge Name es JP Weber und AJUJA zesamme.

Vürbei ...

Zugabe

Fastelovend zosamme. Echte Menschen, wirklich echte Menschen!!! Ich kenn doch eijentlich nur noch Autokonzerte. Dunn se mir ens ne Jefalle – künnte se ens jrad bei ihrer Nachbarin hupe?

Ach jo, ach jo, wat solle m'r spreche – et fääählt mir jo esu! Ävver, mir han jo Hoffnung! Jetz jiddet do endlich dä hillije Impfstoff – dat joode Zeuch he vun Pfizer un denne andere. Ich mein, Pfizer, wann die ene Duude widder an et Levve krijje, dann künne die dat och met däm Impfstoff!

Wie läuf dat dann aff? Jiddet dann demnächs em Fernseh esu Sondersendunge? E sujet wie „Jottschalk impf" oder „Impfen mit Spass"? Do weed m'r dann vun Profi-Dart-Spielern met däm nüdije Sicherheitsaffstand jeimpf? Tirek donoh jeiht et dann op de Interviewcouch, öm ze luure, wat einem noh esu ener Impfung passeet?

Die eetste Nevvenwirkunge sin ald bekannt – dä Lauterbach kann widder öntlich schwaade un klingk nit mie wieh dä Antwerpes op THC... Oder ävver schippert dä Silbereisen met singem Fernsehscheff tirektemang in de Impf-Arena en Schüsseldorf – ich mein joot, dat wööte wärm Jewässer – ävver hä als Kapitän es jo resistent, ich mein, dä hät jo esujar dat Virus – quasi ATEMLOS – üvverlääv!

Un wä jewennt en esu ener Krise? JENAU! Die E-Autos! Jo joot, do kanns se zwar nirjendswo „tanke" (Anführungszeichen mit Fingern) – ävver Duracell wittert ald en Chance und scheck dat vermaledeite Trommelskning en Rente.

Wat hammer noch?

Ah ja, he, de bretonische Inselaape un ihre Brexit ohne Exit... Do hät dä Johnson jo ech Jlöck jehatt, dat hä nit demnächs als Trump-Double em Sauerlandstern optredde muss...

Ich mein, die beiden hatten „et" jo och – wobei ich mir vürstelle könnt, bei dä beide Rindviecher, wor et eher Rinderwahn, un die han versök, sich mit ihrem Löres de Fleeje usem Jeseech ze schlare – joot, en Veränderung sööch m'r dann do jo nit ....

Dä Memmetempel op d'r Hornstrooß darf och widder opmaache, joot, m'r muss halt och ens ene Affstrich maache, ich mein, die han jo och lang jenooch alles affblose müsse... Eets hatten se jo vür, us dä 150 Zimmere Impfkabine ze maache, ävver dat es jo kein Schluckimpfung...

En dä Kneipe hilf beim Anmaache vun su mancher Mädcher dä Ärosollappe fürm Jeseesch, su han och die met enem Radiojeseesch ens ech Schangse...
Joot un für die janz haade Fälle jiddet jo noch immer Febreez...

Och esu Familietreffe weeden immer skurriler... Ne joode Fründ es ech schwer zesammejesick woode: Jod, hä hädden vielleicht nit bei der Schwester vun singem beste Kumpel an der Ungerwäsch schnuppere solle, wor halt blöd, dat die Eldere dobei wore... dat muss ävver och en Driss-Beerdijung jewäse sin ...

Alles, selvs dä Tadsch Mahal des kölschen Fruhsinns, dä Jözenich, süht vür luuter Nadeljedöns us wie esu e Tatoo-Studio om Ihrefeld.

Dann weede jetz de Krankehuus-Serie widder dä Renner... un schecke de janze vermaledeite Kochsendunge en de Walachei...

Ich waaden nur drop, dat se dä Wussow widder exhumeere – ävver immer noch besser, als us däm Sushilötscher Henssler ene Professor en d'r Schwarzwaldklinik ze maache, wobei ... met Messere kann hä jo ömjon ...

Un janz Cleverlusen weed dank Bayer zom Emergencyroom. Es jo joot für die – ich mein, simmer doch ens ihrlich ... Leverkusen – die Strof Joddes, oder och dä Ort, wo de Duuve op däm Rögge fleeje.

Wat hatte mer noch? Aaaah, jo stemmp. – ZICK – LECK MICH AM ARSCH, wat hatte mer all Zick! En dä letzte vier Mond han ich jeliert, woröm ävver jerad Rentner nu ens esu jar kein Zick han ...

Em Darkroom vum kölsche Fasteleer – em Stadttreff beim Tina, däm Casting Room der Dreijesteene – weed mieh Desinfektionsmeddel en dä verschiedenste Jeschmacksrichtunge verbruch als Hostesaff...

Und dä Fastelovend? Hät sich och neu erfunge – et jitt jetz esu neu Formate: Do kannste dir ding eijene Sitzung zesammestelle un die dann ze Huhs op d'r Kautsch luure – joot, es schön, nimmi dä suure Wing für 45 Euro pro Fläsch un och e Kölsch zum Einführungspreis von 4,60 Euro – ävver ens ihrlich, als Künstler föhls do dich dann do doch eher wie esu e Cam-Girl. Un dann diese Vielfalt: Drinke met Weininger, singe met dä Fööss, laache met Schopps – un keiner kritt mit, wann m'r en su ner Sitzung enschlöf ... Et is nit für alle schlääch ...

Dann – wat wor noch? Aaaah jo – he – jroße Schlagzeile en d'r Zeidung: der Kampf der Volksfeste! Zeeesch han se et Oktoberfess, he, die Brunozick für die rösije bajuvarische Söderinos avjesaat – nä wat han mir Kölsche do jelaach un jedaach – wie kammer nur esu e traditionell Fess affsare..

Dann han se uns dä Fastelovend affjesaat un de Münchner Schickeria hät uns usjelaach... No waat aff, am Arsch hängk e Trööttche – zor Strof schecke mir denne em nöchste Johr dann die Höhner-Jripp...

Un m'r soll sich jo wäjen däm Covid 20-1 nit mieh met esu jroße Jruppe affjevve ... ich hät do ens en Froch: Jilt dat och für Tschätt-Jruppe met mieh als zwei Persone? Falls jo, han die janze Mütter-Tschätt-Jruppe för et Homeschooling e ech Problem!

Ävver, un dat muss m'r sare, dä Staat hät uns Musiker un Künstler jo jeholfe – em November joov et dann 75 Prozent Ausfallunterstützung vum Ömsatz.

Ich han jehoot, däm Stefan Mross han se dat nit bewillig... Dodrop hät da beim Laschet anjerofe, vun wäjen – dat wör unfair, hä wor doch och Musiker. Die Antwort vum Laschet? Ja, nee, es klar, – dat wör jo jenau esu, als wenn die Höhner Angs hädden, se mööten all ihr Liveinstrumente verkloppe, öm de Fixkoste decke ze künne... För so Fernsehformate reich doch e ene CD-Player!

Jan un Jriet us em letzte Johr han jesaat, se maache d'r Job dis Johr noch ens... Fingen ich joot – un falls m'r om Maarwäch vür'm Karnevalsmuseum ens zwei Türsteher bruche .....

Ävver och söns – üvverall merk m'r, dat m'r nit mieh em Träning es: Die Köbesse en der Altstadt – die sin völlig erus also esu vum Kopp her. Ich wor jet drinke, wollt zahle – säht dä Köbes für mich: „6 Kölsch? Dat mäht 22,60 Euro!" Ich jevven ihm ne Fünnef-Euro-Sching und meine för hä „Mach 12" – un hä jitt mir 2 zoröck!

De Brauhäuser vun Kölle am Rhing kumme jetz ald met neue Jeschäftsidee: Moondachs un dinsdaachs jeschlosse. Dat es esu jot aanjekumme, jetz maache die och mettwochs un donnerstags zo.

Leev Lückcher, loss m'r doch e bessje Spass und Stötz maache.

Immer dran denke: Fastelovend bruch keine Minsch!

PAUSE

Ävver d'r Minsch bruch Fastelovend!
Ajuja zesamme!

Für die folgenden Liedtexte auf den nächsten Seiten sei gedankt: https://www.pavement.de

Konfetti

(JP Weber feat. Martin Buß, Musik und Text: JP Weber, Martin Buß, Michael Knipprath, Pavement Musikverlag, P 2020 Pavement Records zum Download und Streaming auf allen bekannten Portalen)

Jetzt wo mer jraad su unger uns spreche,
erinnre dich, loss dich drop en:
Nemm dir die Zick, öm uns Levve, uns Welt,
noch ens met kindliche Aure zo sinn.

Wat fremb wor, dat wollt mer entdecke/erkunde,
op Neues leef mer hibbelisch zo,
Met enem Laache em Jeseesch un offene Ärm,
maaht dich och andre zo helfe ens fruh.

(Prechorus:) Versöök ens, dat et widder su weed,
un sing doch met uns dat Leed.

(Chorus:) Wasser un Leech stonn för't Levve,
un schingk em Rään ens de Sunn.
dann süht mer am Himmel ne Rääjebore,
dat es magisch, do dräump jeder vun.

Hä leuch en dä herrlichste Färve,
Su wie mer Kölsche, nit perfek, ävver bunt.
Dat dunn mer he fiere un su dähte mer liehre
Beim Konfetti jitt et (och) kei Brung,
Beim Konfetti jitt et (och) kei Brung.

Wä anders wor, dähts do nit scheue.
en dr Vielfalt sohs do dat Jlöck.
Och dich hät mer su wie do bes jenumme,
manchmol nemmp m'r, un dann un wann jitt mer zoröck.

(Prechorus:) Dunn jet, dat et widder su weed,
un jede Panz singk och jään met.

(Chorus:) Wasser un Leech stonn för't Levve (...)

Dressdaach

**(JP Weber; Musik & Text: JP Weber,
Pavement Musikverlag, P 2016 Joerg Paul Weber,
aus dem Album: Dat weisste nor wenn Do dran rüchs)**

Et es ald widder Mondaach – und
dat öm zehn noh sibbe.
Ich ston unger dr Dusch – wör ich
doch lijje jeblivve.
Em Kaffee Salz statt Zucker –
versööst dr Morje mir.
Ich denk voller Sehnsuch – an vun
jester et letzte Bier.

En däm Marmeladejlas – ne jroße
wieße Fleck.
Dat Brut vum letzte Mettwoch –
schmieß ich met fott tireck.
Wo sin dann jetz de Socke – ach,
ich han se jo ald an.
Die woren ald beim Dusche – an
minge Fööß met dran.

Ich froge mich janz iehrlich, woröm
bloß immer ich?
Dä Aasch vun nevvenan hät et
noch nie erwisch.
Wat han ich bloß verbroche, wat
han ich bloß jemaht?
Es dat doch dä Fluch, dä ming Ex
op mich jelaht?

Op däm Wääch zor Arbeid, dr Ware
springk nit an.
Ich jag' zor Haldestell, doch e bessje
ze spät dran.
Ich rof mer drop e Taxi, dr Fahrer
kann kei Deutsch.
Die Stroß, die dät wohl stemme,
bloß en dr Stadt hät hä sich jetäusch.

Öm koot vür 12 Uhr meddachs,
kummen ich dann en't Büro.
Fäädich met de Nerve, ich renn
tireck noh'm Klo.
Op däm Wääch zom Lokus treff ich
dann leider minge Chef.
Durch en lange ähnzte Diskussion
erledich sich ming Jeschäff.

Ich finge en mingem Schrievdesch
noch en ahle Fläsch Schabau.
Die nemm ich met noh Hus un fang
von vörre an – jenau!
Och kumm, ene kleine Droppe nur –
un ne zweite op dä Schreck.
Noh däm zwölfte Jläsje stell ich dat
Leerjut en de Eck.

Wat ene Dreeeessdaach – woröm
bloß immer ich?

Wann ich Do wör ...

**(JP Weber, Musik & Text: JP Weber, Sven Welter,
Pavement Musikverlag, P 2017 Pavement Records,
aus dem Album: Dat weisste nor wenn Do dran rüchs)**

Jetz setze m'r he em Blücherpark,
Han üvver de Naach ne Kaste Bier leer jeschwaad.
Do küss mer für wie dä Typ dä ich ens kannt,
dä fröher wie hück am leevste för sich selvs wegjerannt.
Die Partie vun der Do do verzähls,
es eijentlich die, vun der Do söns nix hälls.
E Mädche, bei der Do widder irjendjet fings,
un sin et nor zo lange Zieh die dich em
Jedanke zum nächste Schoss dann bringk.

Ävver irjendjet es anders, so wie Do jetz do setz.
En Jedanke bes Do zwar he, ävver nit em He un Jetz.
Do bes doch ene „Joode", schwaads Dich en Jedanke rich un satt
Luffschlösser sinn d'r hellig, doch mähst Do se selver platt.
Do bes weder Fesch noch Fleisch.
Un wann ich Ihrlich ben, wann ich Do wör, wör ich lieber ich!

„Ankunme" fängk nit met nem Märche an.
Vun enem Draum, dä sowieso e Mädche nit halde kann.
Sök Dich selvs, han kein Angs för Irritation.
Denn Do bes am Engk vun enem Mann nor dä Sohn.
Ene Minsch met Wohrheite, un wann et nor de eijene sinn.
In Meerheim jit et Minsche , die och domet jlöcklich sinn.
Ändere Perspektive, dat Glas es nor halb voll.
Do merkst dann ziemlich schnell: Do bes nit esu doll.

Ävver irjendjet es anders, so wie Do jetz do setz.
En Jedanke bes Do zwar he, ävver nit em He un Jetz.
Do bes doch ene „Joode“, schwaads Dich en Jedanke rich un satt
Luffschlösser sinn d'r hellig, doch mähst Do se selver platt.
Do bes weder Fesch noch Fleisch.
Un wann ich Ihrlich ben , wann ich Do wör, wör ich lieber ich!

Jetz sinn ich ding Veränderung, dir steiht d’r Angstschweiß em
Jeseech.
Angst, dat ener dohinger kütt, hinger dinger Kresch.
Doch dann der Schreck, als de Sunn mich wachküss, morjens
öm sibbe un nochjett em Blücherpark.
Ich setze do allein, un schwaaden met mer selfs, miestens
Schachmatt.

Ävver irjendjet es anders, so wie ich jetz do setz.
En Jedanke ben ich zwar he, ävver nit em He un Jetz.
Ich ben doch ene „Joode“, schwaad mich en Jedanke rich un satt
Luffschlösser sinn mer hellig, doch maachen ich se selver platt.
Ich ben weder Fesch noch Fleisch.
Un wann ich Ihrlich ben, wann ich Do wör ....
Ach dat ben ich jo sowieso nor „Ich“!

Schlusswoot

Et es jo vielleich schon alles jesaat wode, ävver noch nit von mir.

Tradition bewahren bedeutet das Feuer weiterzugeben und nicht Asche zu verwalten, un wenn einer dat bejriffen hät – dann Du.

Gewaltig, urban, ungeduldig und vor allem schier platzend vor Energie stillst Du den Hunger nach positiven Erlebnissen, und manchmal möchte man die Zeit anhalten, um Dich besser beobachten zu können. Ein Potential, das es auszuschöpfen gilt.

Un die, die jähn hätten, dat Du – wenn och nur av un zo – ens hinfallen däts, künnen jo nit wesse – „HÄ KANN SUJA FLEJE".

Heinz und Inge Ganss
Köln, im September 2022

Danke ...

Ich möchte mich von Herzen bei folgenden Menschen bedanken, ohne die dieses Buch nicht möglich gewesen wäre. Ich weiß, dass die- oder derjenige sich angesprochen fühlt, wenn sie/er ihren/seinen Namen liest.

Frank, Knippi, Helmut, Mica, Markus, Birgitt, Christoph, Lea, Detlef, Wolfgang, Elfi, Horst, Margret, Jupp, Liesel, Gregor, Rainer, Nathalie, Rudi, Ralf und seine Nicole, Patric, Sven, Volker, Martin, Ühm, Bubi, Micky, Klaus, Bömmel, Anton, Hartmut, Marc, Nica, Ludwig, Hans, Hendrik, Inga, Björn, Familie Krein, Stefan, Steffi, HGH, Manni, Angelika, Familie Gerhold, Peter, Manni, Margarete, Paul, Jenny, Happy, Thomas, Darkroom Tina, Lobo, Patrick, Dirk, Deborah, Pandi, Thomas, Stefan, Luisa, Peter, Gerd, Axl, Mariam, Rudi, Wilma, Ken, Hans-Georg, Marlies, René, Belen, Bruno, Dirk, Hans, Reiner, Johannes, Roland, Kai-Uwe, Tünn, Willi, Monika, Jacky, Ulla, Mustafa, Jerard-Madosche, Michael, Jenny, Franky, Theo, Dieter, Anneliese, Jochen, Basti, Stefan, Harry, Christian, Kai, Stefan aus D und natürlich meine Nici.

Danke Ludwig Sebus für das unfassbare Lebenswerk, dein Herz und Interesse für das Brauchtum und die Neugier auf das, was da noch kommt.
Du bist mein Vorbild.

Danke an Reinold und Wolfgang für das Nahebringen der Qualität, Geschichte und des Mehrwerts vom Karneval.

Danke an den King aka Kingse aka Hein aka King Size Dick und seine Inge für den Glauben an die Unabhängigkeit der Kunst und des eigenen Weges.

In Gedenken an meinen verstorbenen Kollegen und Förderer Dieter Steudter.

CCAA, Ajuja!